ETFs für Einsteiger

Wie Sie sich mit Indexfonds und ETFs ein Vermögen aufbauen und finanziell Frei werden. Ein Guide für Anfänger.

Sven Prante

Contents

Einleitung

Wir leben in schwierigen Zeiten. Das Weltfinanzsystem ist angeschlagen und es ist schwer, mit Bankanlagen irgendwelche Gewinne zu erwirtschaften. Auf herkömmliche Weise durch Sparen auf ein Sparbuch oder mit einem Tagesgeldkonto Vermögen aufzubauen, funktioniert nicht mehr. Die Verzinsung liegt bei nahe Null, während die Inflation unaufhaltsam an Ihren Ersparnissen nagt. Zum Glück gibt es noch andere Möglichkeiten, als das Geld auf ein Bankkonto einzuzahlen und dann zuzusehen, wie es dort langsam aber stetig weniger wert wird.

Es gibt Alternativen – an der Börse. Keine Angst, Sie müssen nicht zu einem waghalsigen Spekulanten werden, um an der Börse ein kleines Vermögen aufzubauen. Das geht zum Glück auch weitgehend stressfrei. Jedenfalls, wenn Sie sich nicht darauf versteifen, über Nacht Millionär werden zu wollen. Das geht tatsächlich nur mit einem hohen Risiko. Aber wenn Sie mit einem bescheidenen monatlichen Anlagebetrag bei guter Rendite langfristig ein kleines Vermögen aufbauen wollen, dann ist das auch gänzlich ohne spekulatives Abenteurertum möglich.

Der Schlüssel zum risikoarmen Vermögensaufbau sind ETFs, vor allem ETF-Indexfonds. Diese Fonds können Sie an der Börse wie Aktien kaufen und verkaufen und Sie können schon mit wirklich überschaubaren Beträgen in ETFs investieren.

Dieses Buch wird Ihnen zeigen, wo die Unterschiede zwischen ETFs und herkömmlichen Aktienfonds liegen, was Indexfonds sind und schließlich das Wichtigste: Die praktische Umsetzung mit konkreten Vorschlägen, wie Sie mit Investitionen in ETF Indexfonds langfristig ein Vermögen aufbauen können, das gute Chancen hat, langfristig der Inflation und eventuellen weiteren Finanzkrisen zu trotzen.

Natürlich sind auch ETFs nicht völlig frei von jeglichem Risiko und natürlich hat niemand eine Glaskugel und kann in die Zukunft sehen, aber von allen Anlagemöglichkeiten, die die Börsen dem Privatanleger bieten, sind ETFs am wenigstens riskant und sie bieten die bestmöglichen Renditechancen. Es ist auch im Jahr 2017 noch möglich, sinnvoll zu sparen und mit geschickter Geldanlage ein kleines Vermögen aufzubauen. Sie müssen dazu nur die ausgetretenen Pfade der Sparbriefe und Tagesgeldkonten verlassen und die Gelegenheiten beim Schopf packen, die die Börse Ihnen bietet.

1. Die größten Anlegerfehler

Leider beschäftigen sich die meisten Deutschen viel zu wenig mit ihrem Geld. Immer mehr Menschen leben von der Hand in den Mund und bilden keine Ersparnisse mehr. Gleichzeitig nimmt der Konsum auf Pump bedenkliche Ausmaße an. Viele Menschen, die mit etwas Disziplin durchaus Ersparnisse bilden könnten, verzichten darauf. Andere, deren Einkommen den Aufbau eines Vermögens ohne Weiteres zulassen würde, haben schlicht keine Lust, sich mit so einer trockenen Materie zu beschäftigen. Das ist schade. Und die Menschen, die tatsächlich Geld auf die hohe Kante legen und versuchen, ein Vermögen aufzubauen und ihre Altersversorgung zu sichern, machen dabei seit Jahrzehnten immer wieder die gleichen Fehler. Aus diesem Grunde wollen wir uns einmal die größten Fehler ansehen, die die Deutschen beim Geld anlegen machen, um dann anschließend lernen, wie wir mit geringem Aufwand mit ETFs ein solides Vermögen aufbauen.

1.1. Überhaupt nicht sparen

Um Geld anzulegen, muss man erst einmal welches besitzen. Das geht nur durch Sparen. Die Sparquote in Deutschland lag in den letzten Jahrzehnten bei etwa 10 Prozent des Nettoeinkommens. Das sind Durchschnittswerte, die reicheren Haushalte können es sich leisten, prozentual mehr auf die hohe Kante zu legen. Der Großteil dieses Geldes liegt auf Sparbüchern, in Tagesgeldkonten oder in jämmerlich verzinsten Lebensversicherungen und wird dort langsam aber sicher von der Inflation aufgefressen. Aus einem falsch verstandenen Sicherheitsbewusstsein verschenken die Deutschen astronomische Summen, in dem Sie den Banken ihre Ersparnisse praktisch gratis überlassen. Effektiv, nach Abzug der Inflation, erwirtschaften Tagesgeldkonten und Festgeldkonten derzeit jedes Jahr einige Prozent Verlust. Das Geld wird also weniger anstatt mehr. Abhilfe schaffen können Investments in Sachwerte, die der Inflation trotzen. Dazu gehören Aktien, Immobilien und Rohstoffe.

1.2. Zu wenig an die Zukunft denken

Natürlich leben wir im Hier und Jetzt und wollen auch etwas von unserem Geld haben. Dabei sollte man die Zukunft aber nicht aus den Augen verlieren. Immer mehr Menschen sind von Altersarmut betroffen. In Zukunft wird sich dieses Problem noch massiv verstärken. Wer heute nicht schon an morgen denkt und sich eigene Gedanken zu seiner Altersversorgung macht, wird es in der Zukunft sehr schwer haben, im Alter einen einigermaßen angenehmen Lebensstandard zu halten. Mit ETFs kann man schon mit geringen monatlichen Sparraten eine zusätzliche Altersversorgung aufbauen, die den typischen Produkten der Finanzindustrie wie der Riesterrente deutlich überlegen ist.

1.3. Geld in Produkte stecken, die man nicht versteht

Die Banken bringen ständig neue Anlageprodukte auf den Markt, die den Anleger mit großartigen Renditen locken, bei genauerer Betrachtung aber bedenkliche Fußangeln beinhalten. Da werden Sparpläne mit Zertifikaten und Fonds zu undurchsichtigen Paketen geschnürt, die dann unter wohlklingenden Bezeichnungen an das

Publikum verkauft werden, um dann im schlimmsten Fall wie bei der Finanzkrise 2008 plötzlich zu Totalverlusten zu führen. Darum: Kaufen Sie keine Finanzprodukte, deren Funktion Sie nicht zu 100 Prozent verstehen. Die geringste Unklarheit sollte ausreichen, um die Finger davon zu lassen. Nur so sind Sie vor unangenehmen Überraschungen geschützt. Besonderes Misstrauen ist dann angebracht, wenn Ihnen auch Ihr Bankberater nicht schlüssig erklären kann, wie eine Anlage genau funktioniert.

1.4. Vorsicht vor Emotionen

Machen Sie niemals den Fehler, sich beim Vermögensaufbau von Emotionen leiten zu lassen. Erarbeiten Sie sich Ihre Anlagestrategie und bleiben Sie dann dabei. Lassen Sie sich nicht von reißerischen Berichten in den Medien irritieren oder von Gefühlen wie Angst oder Gier leiten. Folgen Sie ausschließlich Ihrem Verstand und machen Sie niemals den Fehler, der Herde zu folgen. Die Versuchung ist groß, z. B. in Solaraktien einzusteigen wenn plötzlich „alle" das machen und diese Anlage in Börsenzeitschriften hochgelobt wird. Laufen Sie niemals der Masse hinterher und bleiben Sie immer Ihrer Anlagestrategie und Ihren Entscheidungen treu. Wie Sie eine Anlagestrategie mit ETFs erarbeiten, auf die Sie lange Zeit bauen können, werden Sie in den folgenden Kapiteln lernen.

1.5. Häufiges Umschichten

Banken, Broker und Investmentfirmen verdienen an den Kommissionen von An- und Verkäufen sowie am Spread. Je mehr Transaktionen Sie tätigen und je häufiger Sie Ihre Anlagen umschichten, desto besser verdienen diese Unternehmen an Ihnen. Häufiges Umschichten des

Anlageportfolios führt deswegen durch die Transaktionskosten zu einer erheblichen Kostenbelastung und verschlechtert die Rendite. Sie werden in diesem Buch lernen, wie Sie ein Depot zusammenstellen, das nur sehr selten einmal angepasst werden muss. „Hin und Her macht Taschen leer!“ – diese alte Börsenweisheit sollte unbedingt beherzigt werden, Es ist fast immer profitabler, eine sorgfältig ausgewählte Anlage über einen längeren Zeitraum zu halten, als ständig zu wechseln, mit dem Ziel die Rendite zu verbessern. Das Gegenteil tritt dabei meistens ein.

1.6. Alle Eier in einen Korb packen

Machen Sie nie den Fehler, Ihr ganzes Vermögen in nur ein einziges Produkt, in nur eine Anlageklasse zu investieren. Investieren Sie alles Geld nur in einige wenige Aktien, dann können Sie schnell einen Großteil Ihrer Investition verlieren, wenn nur ein einziges der Unternehmen, in das Sie investiert haben, Pleite gehen sollten. Vermeiden Sie solche sogenannten Klumpenrisiken und verteilen Sie stattdessen Ihre Ersparnisse auf mehrere Anlageklassen. Das gilt nicht nur für Aktienanlagen. Genauso riskant ist es zum Beispiel auch, ein Eigenheim mit wenig Eigenkapital zu kaufen und sich dann viele Jahrzehnte lang dafür zu verschulden. Kommt es zu Arbeitslosigkeit, Arbeitsunfähigkeit oder einem berufsbedingten Umzug, dann wird das auf Kredit gekaufte Eigenheim schnell zur bedrohlichen Belastung. Legen Sie also nie alle Eier in einen Korb, sondern verteilen Sie Ihre Anlagen immer auf mehrere Anlageklassen. Sie werden in diesem Buch lernen, warum sie mit ETFs eine besonders gute Risikostreuung erreichen.

2. Fonds oder Aktien?

Wenn Sie erfolgreich Ihr Vermögen vermehren wollen, führt an der Börse kaum ein Weg vorbei. Denn Bankanlagen werfen zur Zeit praktisch keine Zinsen ab. Wenn Sie Ihr Geld auf die Bank bringen und dort in ein Tagesgeldkonto einzahlen, können Sie es eigentlich genauso gut zu Hause unter dem Kopfkissen aufbewahren – dort ist das Geld zumindest im Falle einer erneuten Finanzkrise sicher aufgehoben. Zinsen gibt es zur Zeit praktisch nicht, so dass festverzinsliche Anlagen zur Vermögensbildung praktisch ausscheiden.

An der Börse gibt es hingegen nach wie vor Möglichkeiten. Eine Anlage in Aktien ist verlockend und kann hohe Renditen bescheren. Wenn Sie das Know-how, genügend Anlagekapital und gute Nerven haben. Denn für Anfänger bietet der Aktienmarkt durchaus Risiken. Wer hat nicht schon einmal von einem Bekannten gehört, der plötzlich viel Geld mit einer bestimmten Aktie verloren hat, die sich als Fehlinvestition entpuppt hat. In den späten neunziger Jahren des vergangenen Jahrhunderts investierten unzählige Bundesbürger in Aktien der Deutschen Telekom, die damals unter Mithilfe des Schauspielers Manfred Krug als sichere „Volksaktien“ unter die Leute gebracht wurden. Die Mehrzahl der Anleger kaufte erst, als die Kurse der Aktie schon auf damals über 100 DM gestiegen waren und erlitten schließlich immense Verluste, als die Spekulationsblase platzte und die Aktie im Kurs fiel. Die Verluste lagen bei nahezu 90 Prozent. Clevere Anleger mit Börsenerfahrung haben sich von diesem Treiben ferngehalten. Die Mehrzahl der ungeübten Anleger ist dagegen dem Herdentrieb gefolgt und hat alles verloren.

Wie können Sie es vermeiden, in solche Fallen zu tappen und trotzdem von der positiven Entwicklung am Aktienmarkt profitieren? Denn trotz Finanzkrisen und gelegentlicher Börsencrashs haben Anleger, die auf Aktien gesetzt haben, langfristig immer von allen Anlageformen die beste Rendite erzielt.

Es gibt eine Lösung in Gestalt von Fonds. Bei einer Investition in Aktienfonds investieren Sie nicht in einzelne Aktien, sondern Sie kaufen Anteile an einem Korb, einem Aktienportfolio, das zahlreiche verschiedene Aktien enthält. Aktien, die das Fondsmanagement für gut befunden und darum in das Fondsportfolio aufgenommen hat. Damit wird Ihnen die Entscheidung abgenommen, in welche Aktien Sie investieren und gleichzeitig wird für eine gute Risikostreuung gesorgt. Durch die Investition in zahlreiche verschiedene Aktien wird das Verlustrisiko entscheidend gemindert und Sie können wesentlich ruhiger schlafen, als das bei einer Investition in Einzelaktien der Fall gewesen wäre.

Natürlich haben Sie bei der Auswahl des richtigen Aktienfonds immer noch die Qual der Wahl, denn es gibt Fonds mit den verschiedensten Anlagezielen. Es gibt welche, die sich ausschließlich auf Technologieunternehmen konzentrieren oder auf Aktien aus bestimmten geografischen Regionen.

2.1. Kostenfalle Fondsverwaltung

Eigentlich bieten Fonds auf den ersten Blick nur Vorteile. Sie können beruhigt schlafen, weil das Risiko auf viele verschiedene Aktien verteilt ist, die das Fondsmanagement für Sie nach bestem Wissen und Gewissen zusammengestellt hat. Verglichen mit der Aktienanlage in Einzelwerten ist die Anlage in einem Aktienfonds tatsächlich eine sichere Sache. Die Grundidee eines gemanagten Fonds ist ja die:

Sie investieren in einen aktiv gemanagten Fonds, in dem die Fondsverwaltung sich darum kümmert, dass das Anlageportfolio des Fonds ständig optimiert wird. Die Fondsmanager versuchen also, das Portfolio des Fonds stets so zu optimieren, dass dabei der jeweilige Aktienindex in seiner Wertentwicklung p.a. übertroffen wird. Für diese Bemühungen fallen nicht unerhebliche Fondsgebühren an. Zum einen wird bei jedem Fonds ein Ausgabeaufschlag für den Erwerb der Fondsanteile fällig, zum anderen werden oft noch zusätzliche Verwaltungsgebühren fällig, die vom Gewinn abgezogen werden. Durch diese Kostenbelastung wird der Gewinn, der mit dem Aktienfonds erzielt werden kann, schon einmal etwas reduziert. Und zwar in einem nicht unbeträchtlichen Maße.

Besonders der Ausgabeaufschlag beim Erwerb der Fondsanteile schlägt oft mit mehreren Prozent des Anlagebetrages zu Buche. Ausgabeaufschläge von zwei bis fünf Prozent sind keine Seltenheit. Das heißt, wenn Sie 1.000,- Euro in einen Fonds einzahlen, können Sie bereits 20 bis 50 Euro davon als Gebühren abschreiben. Bei einer längerfristigen Anlage relativieren sich diese Gebühren auf lange Sicht zwar, aber dennoch sind es Kosten, die die Anlage erst einmal wieder erwirtschaften muss. Und nicht zu vergessen: Natürlich muss der Gewinn auch immer noch versteuert werden.

3. Warum aktiv gemanagte Fonds oft enttäuschen

Eigentlich sollte man annehmen, dass aktiv gemanagte Fonds, die von Profis verwaltet werden, eine wesentlich bessere Rendite erzielen als passive Fonds ohne ein aktives Management. Zumindest sollte die Performance eines aktiv gemanagten Aktienfonds deutlich höher sein als die des jeweiligen Aktienindexes. Leider sieht die Wirklichkeit weitaus ernüchternder aus. Von all den unzähligen aktiv gemanagten Aktienfonds können in der Praxis nur die allerwenigstens den jeweiligen Aktienindex nennenswert übertreffen. Trotz der Bemühungen des Managements liegt die Performance der meisten aktiven Fonds nur geringfügig über der Performance des Indexes. Manche liegen sogar noch darunter. Wenn Sie dann noch die Kosten berücksichtigen und den Ausgabeaufschlag und die Verwaltungsgebühren mit in die Rechnung miteinbeziehen, dann stellt sich schnell heraus, dass Aktienfonds keineswegs immer die bessere Lösung sind. Es gibt weitaus preiswertere Alternativen.

Übrigens hat man ein aufschlussreiches Experiment gemacht, das viel über den Wert eines Fondsmanagement aussagt: Man hat einige professionelle Anlageexperten damit beauftragt, ein Aktienportfolio zusammenzustellen. Und man hat ein weiteres Portfolio zusammengestellt, dessen Aktien von einem Schimpansen durch Werfen mit einem Dartpfeil ausgewählt wurden. Am Ende des Experiments stellte sich heraus, dass das von dem Schimpansen zusammengestellte

Depot eine vergleichbar gute Rendite erwirtschaftete, wie das von den Profis geführte Depot.

Zugegeben, es gibt einige aktiv gemanagte Fonds, die wirklich gute Renditen erzielen, teilweise über lange Zeiträume. Aber das ist keineswegs die Regel und keineswegs bei allen Aktienfonds der Fall.

In der Praxis sieht es so aus, dass 90 Prozent der aktiv gemanagten Fonds nicht dazu in der Lage sind, den Index zu schlagen. Bei einem TF, der einen bestimmten Aktienindex abbildet, haben Sie dagegen die Sicherheit, dass die Fondsrendite in jedem Fall der Rendite des Indexes entsprechen wird, weil dieser ja 1:1 in dem Fonds nachgebildet wurde. Eine Aufgabe, die von Computern erledigt werden kann und für die man kein hochbezahltes Fondsmanagement benötigt.

Bei diesen verheerenden Ergebnissen ist es eigentlich verwunderlich, dass es überhaupt noch so viele aktiv gemanagte Fonds am Markt gibt, das sie meistens nicht nur eine lausige Performance erzielen, sondern zudem teuer sind und den Anleger mit hohen Gebühren belasten, die einen nicht unerheblichen Teil der Rendite wieder auffressen. Wir werden uns in diesem Buch damit befassen, welche besseren Alternativen es gibt. Und es gibt sie, zum Glück.

4. Indexfonds – Die bessere Alternative?

Neben aktiv gemanagten Fonds gibt es auch sogenannte Indexfonds, bei denen das Fondsportfolio einfach nur die Zusammensetzung eines bestimmten Aktienindexes nachbildet, ohne daran etwas zu verändern. Nur wenn sich die Zusammensetzung des Indexes ändert, ändert sich auch die Zusammensetzung des Fondsportfolios. Bei dieser Vorgehensweise ist die Wertentwicklung des Fonds mit der Wertentwicklung des Indexes identisch. Da wir bereits gesehen haben, dass die meisten aktiv gemanagten Fonds ohnehin nicht dazu in der Lage sind, den Aktienindex zu schlagen, kann man auch gleich das Fondsportfolio entsprechend dem Aktienindex nachbilden. Der Aufwand für ein aktives Fondsmanagement kann bei einem Indexfonds komplett entfallen und damit spart man ganz erhebliche Kosten für das Fondsmanagement ein.

Diese Indexfonds, die an der Börse wie Aktien gehandelt werden können, bezeichnet man als ETF (Exchange Traded Funds).

Wie wir im weiteren Verlauf des Buches sehen werden, sind ETFs das ideale Anlagevehikel, um mit kleinen monatlichen Sparbeträgen langfristig ein Vermögen aufzubauen.

Ein ETF ist somit ein passiver Fonds, bei dem es kein aktives Fondsmanagement gibt, das versucht die Performance des Aktienindexes zu schlagen, sondern es wird einfach nur stur ein zugrundeliegender Aktienindex abgebildet.

5. ETF ist nicht gleich ETF.

Auch bei den ETFs gibt es Unterschiede im Aufbau und der Zusammensetzung der Fonds.

Wir wollen uns in diesem Kapitel die unterschiedlichen ETFs ansehen und lernen, wie sich ETFs untereinander unterscheiden und welche Unterscheidungsmerkmale dabei für Sie als Anleger von Bedeutung sind.

5.1.1. Physische ETFs

Bei einem physischen ETF bildet die Bank tatsächlich einen Index aus real existierenden Aktien nach, die in den entsprechenden Anteilen, wie die jeweiligen Aktiengesellschaften in dem nachzubildenden Index gewichtet sind, von der ausgebenden Bank erworben werden. Es gibt allerdings auch Börsenindexe, wie den MSCI World, die so komplex sind und sich aus so vielen Einzelunternehmen zusammensetzen, dass es beim besten Willen nicht möglich ist, den Index physisch exakt nachzubilden. In diesem Fall trifft die Bank eine Auswahl und bildet den Index so gut es geht mit einer möglichst repräsentativen Auswahl an Unternehmen ab.

5.1.2. Synthetische ETFS

Daneben gibt es noch die sogenannten SWAP-ETFs, bei denen die Struktur des Indexes nur theoretisch nachbildet wird, ohne dass die Fondsgesellschaft die entsprechenden Wertpapiere wirklich in Ihrem Besitz hat. Diese zweite Sorte von ETFs bezeichnet man als SWAP-

ETF. Hier werden die Kurse täglich von einer Bank gestellt und aktualisiert. Der Vorteil ist, dass ein Index sehr präzise nachgebildet werden kann, weil ja keine realen Wertpapiere gehandelt werden müssen, so dass sehr genaue Berechnungen möglich sind. Synthetische ETFs können schneller auf Kursbewegungen reagieren und einen Index exakter nachbilden.

Nachteilig ist die Tatsache, dass die Fondsgesellschaft dabei voll und ganz von der Bank abhängig ist, die die Berechnungen anstellt und den synthetischen ETF immer auf dem neuesten Stand hält. Das Ausfallrisiko bei einem synthetischen ETF ist für den Kunden deutlich größer als bei einem physischen ETF. Man sollte das Risiko aber andererseits auch nicht überbewerten. Nur Banken mit ausgezeichneter Bonität dürfen synthetische ETFs ausgeben und dank einer Reihe von Sicherheitsmaßnahmen sollte zumindest ein Totalverlust des Anlagevermögens ausgeschlossen sein.

5.1.3. Woran können Sie erkennen, ob Sie es mit einem physischen oder einem synthetischen ETF zu tun haben?

Ganz einfach, Informationen finden Sie in den Beschreibungen Ihres Brokers zu den jeweiligen ETFs. Dort wird in der Regel angegeben, ob es sich um einen synthetischen ETF oder einen physischen ETF handelt.

5.2. Performance und Kursindizes.

Synthetische und physische ETFs sind nicht das einzige Unterscheidungsmerkmal. Eine andere, wichtigere Klassifizierung von ETFs ist die Frage, ob sie einen performancebasierten Index oder einen reinen Kursindex abbilden. Bei einem reinen Kursindex, wie ihn beispielsweise der Dow-Jones-Index darstellt, bildet der ETF auch nur die reine Kursentwicklung des Indexes ab. Dividendenausschüttungen bleiben in diesem Fall für den Kurs des ETF unberücksichtigt. Bei einem sogenannten Performanceindex, wie ihn hingegen der deutsche DAX darstellt, fließen auch die Dividendenzahlungen der in dem Index enthaltenen Unternehmen mit in die Bewertung des ETF ein.

Natürlich werden Sie auch bei einem kursbasierten ETF an den Dividendengewinnen beteiligt. Die Dividenden fließen dort zunächst in das Fondsvermögen, so dass sich reine kursindexbasierte ETFs kurzfristig oft besser im Wert entwickeln als performancebasierte ETFs. Die aufgelaufenen Dividenden werden dann an bis zu vier Ausschüttungsterminen an die Anteilseigner des Fonds ausgeschüttet.

Etwas anders sieht die Sache bei einem performancebasierten ETF aus. In diesem Fall werden sämtliche Dividendenerträge reinvestiert und nicht an die Anleger ausgeschüttet und kommen somit dem weiteren Wachstum des Fondsvermögens zugute. Allerdings muss der Fonds für diese Gewinne Steuern und Solidaritätszuschläge zahlen, was den Ertrag kurzfristig mindert. Aus diesem Grund ist die Wertentwicklung von performancebasierten ETFs denen von ETFs, die auf einem kursbasierten Index beruhen, kurzfristig unterlegen.

Langfristig werden Sie mit einem ETF, der einen performancebasierten Index abbildet, wahrscheinlich besser abschneiden als mit einem ETF, der auf einem rein kursbasierten Index beruht. Denn bei einem ETF, der auf einem performancebasierten Index beruht, werden die Erträge in Form von Dividenden reinvestiert und fließen in die Wertentwicklung mit ein, was langfristig fast immer zu einer besseren Performance führt.

5.3. Thesaurierende und ausschüttende ETFs

Ein ganz wichtiges, weiteres Merkmal ist der Unterschied zwischen thesaurierenden und ausschüttenden ETFs. Bei einem thesaurierenden ETF wird der erzielte Ertrag automatisch wieder erneut im Fonds angelegt. Bei einem ausschüttenden ETF werden die erzielten Gewinne ein- oder mehrmals jährlich an die Anteilseigner ausgeschüttet.

5.3.1. Thesaurierende ETFs

Bei einem thesaurierenden ETF werden die Gewinne wieder angelegt. Dadurch kommt es zu einem wesentlich schnelleren Anwachsen des Fondsvermögens, als bei einem ausschüttenden Fonds, da der Zinseszinseffekt zum Tragen kommt. Der thesaurierende ETF ist ideal für eine längere Anlage, bei der ein hoher Vermögenszuwachs erzielt werden soll und möglichst kein Geld dem Fonds entnommen werden soll. Die einzige Möglichkeit, während der Anlagedauer an Geld aus dem Fonds zu kommen, ist der Verkauf von Fondsanteilen. Sie sparen zudem Fondsgebühren, weil für die Wiederanlage von Erträgen aus dem ETF keine Fondsgebühren mehr anfallen.

5.3.2. Ausschüttende ETFs

Natürlich haben auch ausschüttende ETFs ihre Vor- und Nachteile. Ein Vorteil ist zweifellos, dass Sie regelmäßig Geld aus dem ETF ausgeschüttet bekommen. Geld, das Sie sowohl für Investitionen in andere Anlagen verwenden können, in den gleichen ETF reinvestieren können (was beim thesaurierenden Fonds ja automatisch geschieht) oder aber zur freien Verfügung haben. Hier liegt gleichzeitig auch ein Nachteil, denn die Versuchung wird gerade bei kleineren

Ausschüttungen immer groß sein, den Extrabetrag auf dem Konto für eine neue Waschmaschine, einen Urlaub oder sonstige Konsumzwecke auszugeben. Ein weiterer Vorteil ist, dass die Ausschüttungen bereits automatisch besteuert werden und Sie sich darum nicht mehr kümmern müssen.

5.3.3. Ausschüttende oder thesaurierende ETF? Welche sind besser?

Diese Frage lässt sich nicht mit einem „entweder oder“ beantworten. Welche Art von ETFs für Sie die ideale Lösung ist, hängt von Ihren persönlichen Anlagezielen ab. Gerade bei einer längeren Anlagedauer mit dem Ziel, Vermögen z. B. für die Altersversorgung aufzubauen, ist ein thesaurierender ETF sicher die bessere Lösung. Allerdings sind thesaurierende ETFs etwas unflexibel. Wenn Sie während der Anlagezeit bereits Erträge aus dem Fonds empfangen möchten, ist der ausschüttende Fonds sicher die bessere Lösung. Wie gesagt, es hängt von Ihren Wünschen und Zielen ab, wie Sie sich letztendlich entscheiden.

6. Die verschiedenen Anlageklassen.

Es gibt inzwischen eine große Fülle an ETFs. Der Klassiker sind natürlich die Indexfonds, die direkt einen bekannten Aktienindex abbilden. Inzwischen hat sich das Angebot an ETFs aber gewaltig erweitert, und es gibt kaum einen Markt und kaum eine Region, die sich nicht mit einem ETF darstellen lässt. Damit haben Sie als Anleger jetzt die Qual der Wahl, denn die Auswahl an ETFs geht inzwischen weit über die klassischen Aktienindizes hinaus. Sehen wir uns die einzelnen ETF-Klassen genauer an:

6.1. Aktien-ETFs

Aktien-ETFs sind der Klassiker unter den ETFs. Sie bilden in der Regel einen bekannten Aktienindex wie den Dow-Jones-Index, den Nikkei-Index oder den DAX ab. Andere bekannte Indizes sind der MSCI World, der die 6.000 wichtigsten Unternehmen der Weltwirtschaft beinhaltet oder diverse branchenspezifische ETFs, die verschiedene Teilaspekte einer Wirtschaft abbilden. So gibt es ETFs, die ausschließlich Tech-Aktien oder ausschließlich Unternehmen aus der Finanzwirtschaft oder dem Automobilbau beinhalten. Auf diese Weise können Sie als Anleger auch ganz konkret von der Entwicklung verschiedener Wirtschaftszweige profitieren. Aktien-ETFs ermöglichen hohe Erträge. Sie sind dabei aber auch dem Risiko von Kursschwankungen ausgesetzt. Zwar nicht in dem Maße wie es bei einzelnen Aktienwerten der Fall ist, aber ein gewisses Risiko ist bei einer Anlage in Aktien ETFs gegeben.

6.2. Renten-ETFs

Mittlerweile gibt es auch ETFs, die statt Aktien Rentenmärkte abbilden, also im Wesentlichen Staatsanleihen, Unternehmensanleihen und Pfandbriefe. Renten-ETFs nimmt man normalerweise mit ins Depot, um Risiken zu mindern, da sie in der Regel geringeren Kursschwankungen unterliegen als Aktien-ETFs. Allerdings ist die Rendite von Renten-ETFs auch deutlich geringer als die von Aktien-ETFs. Staats- und Unternehmensanleihen sind immer mit Laufzeiten versehen, Typisch sind fünf, zehn oder zwanzig Jahre. Diese Laufzeiten beziehen sich aber immer auf die dem ETF zu Grunde liegenden Anleihen selbst, sie haben keinen Einfluss auf den ETF als solchen. Auch wenn Ihr Renten-ETF Anleihen mit einer Laufzeit von zehn Jahren oder mehr beinhaltet, so heißt das nicht, dass Sie an die Laufzeit dieser Papiere gebunden sind. Sie können die Anteile an Ihrem Renten-ETF trotzdem jederzeit kaufen und verkaufen, unabhängig von der Laufzeit der zu Grunde liegenden Anleihen oder Pfandbriefe.

6.3. Geldmarkt-ETFs

Geldmarkt-ETFs sind so was wie das Tagesgeldkonto unter den ETFs. Sie werfen nur einen geringen Gewinn ab, sind aber sehr risikoarm und gut geeignet, um Geldsummen kurzfristig zu parken. Für eine langfristige Anlage sind Sie auf Grund der geringen Rendite ungeeignet. Wenn Sie aber einen Geldbetrag kurzfristig parken wollen und dafür mehr Zinsen als bei einem herkömmlichen Tagesgeldkonto bekommen wollen, sind Geldmarkt-ETFs die richtige Wahl. In einem normalen Portfolio hingegen wird man Geldmarkt-ETFs wegen der geringen Rendite eher nicht finden.

6.4. Rohstoff-ETFs

Lange Zeit war es für Privatanleger unmöglich, Geld in die Rohstoffmärkte zu investieren. Das hat sich mit den Rohstoff-ETFs verändert. Jetzt ist es möglich, schon mit geringen monatlichen Beträgen in alle möglichen Rohstoffe zu investieren, seien es nun Gold, Erdöl, bestimmte Metalle oder Agrarprodukte. In der Vergangenheit haben Rohstoff-ETFs beträchtliche Erträge erzielt. Allerdings dürfen Anleger in Rohstoff-ETFs keine schwachen Nerven haben – größere Kursschwankungen auch über einen längeren Zeitraum sind bei Rohstoffwerten nichts Ungewöhnliches. Rohstoffmärkte verlaufen in Zyklen und wer in Rohstoff-ETFs investiert, sollte neben einem intakten Nervenkostüm auch über etwas Geduld verfügen. Eine gewisse Sonderrolle spielen dabei auch Gold- und Minen-ETFs. Gold-ETFs bilden schlicht und einfach den Goldpreis ab. Wenn Sie in einen Gold-ETF investieren, erwerben Sie also kein physisches Metall, sondern investieren in einen synthetischen ETF, gewissermaßen aus fiktivem Gold. Eine gute Alternative oder Ergänzung können ETFs von Goldminen sein.

6.5. Immobilien-ETFs

Natürlich gibt es auch ETFs, die in Immobilien investieren. Meistens werden dabei die Aktien von Unternehmen aus der Immobilienwirtschaft abgebildet. Einige Immobilienfonds werfen erfreulich hohe Dividendenzahlungen ab. Vor allem REITs, immobilienbasierte Treuhandfonds, fallen hier sehr angenehm auf.

6.6. Gehebelte ETFs

Bei gehebelten ETFs handelt es sich um einen Sonderfall. Bei diesen Fonds ist ein „Hebel“ eingebaut, wie wir ihn zum Beispiel auch von Optionsscheinen oder manchen Zertifikaten kennen. Sie können mit solchen ETFs wesentlich höhere Erträge erzielen als mit herkömmlichen Indexfonds. Denn bei einem gehebelten ETF macht sich jede Kursbewegung mit entsprechender Verstärkung bemerkbar. Bei einem ETF mit dem Hebel 2 verdoppelt sich jede Kursbewegung des zugrundeliegenden Index. Steigt der Index um 10 Prozent, steigt der gehebelte ETF um 20 Prozent. Leider werden aber eventuelle Verluste in der gleichen Weise verstärkt, sodass das Risiko, große Verluste zu erleiden, bei gehebelten ETFs wesentlich größer ist als bei den herkömmlichen Produkten ohne Hebel.

Für Anfänger sind diese Fonds jedenfalls nicht geeignet und man sollte sich tunlichst nicht durch die hohen Gewinnchancen blenden lassen. Es gibt keine außergewöhnlich hohen Gewinnchancen, die nicht zugleich mit außergewöhnlichen Risiken behaftet wären. Bauen Sie lieber erst einmal ein solides Portfolio mit herkömmlichen ETFs auf, bevor sie anfangen, spekulative Anlagen mit hohem Risiko zu tätigen. Dazu haben Sie zu hart für Ihre Ersparnisse gearbeitet, um sie durch riskante Manöver aufs Spiel zu setzen.

7. Welche Kosten entstehen durch ETFs?

Leider ist auch der Kauf und Verkauf von ETFs mit gewissen Kosten verbunden, die wir uns an dieser Stelle genauer ansehen wollen. Verglichen mit herkömmlichen, aktiv gemanagten Fonds sind ETFs zwar günstig, aber wir wollen die Kosten trotzdem nicht unter den Tisch fallen lassen, sondern alles im Detail unter die Lupe nehmen

7.1. Depotgebühren

Sie brauchen ein Wertpapierdepot, um mit ETFs handeln zu können. Bei den meisten Filialbanken fallen dafür Gebühren an. Theoretisch können Sie Ihr Wertpapierdepot einfach bei Ihrer Hausbank eröffnen. Eine gute Idee ist das nicht, denn die Filialbanken verlangen meist völlig überzogene Gebühren. Besser Sie eröffnen Ihr Wertpapierdepot nicht bei Ihrer Hausbank, sondern bei einer auf Wertpapierhandel spezialisierten Onlinebank, bei der die Depotführung meist kostenlos ist. Comdirect, Consors oder Flatex sind entsprechende Anbieter, bei denen Sie ein optimales Wertpapierdepot bekommen können.

7.2. Ordergebühren

Bei jedem Wertpapierkauf fallen Ordergebühren an, die sich aus Bankspesen und dem Börsenentgelt zusammensetzen. Es lohnt sich, hier die einzelnen Broker miteinander genau zu vergleichen. Bei manchen Brokern fällt eine pauschale Gebühr für jeden An- und Verkauf an, bei anderen eine prozentuale Gebühr, die bei großen Beträgen eine beträchtliche Höhe erreichen kann. Viele Broker bieten übrigens die Möglichkeit, bestimmte ETFs im Rahmen von Sparplänen völlig kostenlos zu erwerben. In diesem Fall fallen dann weder Bankspesen noch Börsenentgelt an und der Kauf ist völlig gebührenfrei.

7.3. Spread

Der Spread ist die Handelspanne zwischen An- und Verkauf. Wenn Sie einen ETF (oder sonst ein Wertpapier) kaufen, bezahlen Sie immer mehr, als Sie im selben Moment für den Verkauf bekommen würden. Die Differenz ist der Spread und stellt die Gewinnspanne des Brokers an jeder Transaktion da. Der Spread kann bei einzelnen Aktien recht beträchtlich sein, bei vielen größeren ETFs liegt er in einem minimalen Bereich von 0,1 bis 0,5 Prozent. Auch hier haben ETFs gegenüber einzelnen Aktien wieder klar die Nase vorn.

7.4. TER (Total Expense Ratio)

Wie wir wissen, werden ETFs nicht aktiv verwaltet, sondern werden computergesteuert geführt. Doch auch das ist nicht gratis und so fallen immer gewisse Fixkosten und laufende Verwaltungskosten an, auch wenn diese sehr viel geringer als bei einem aktiv gemanagten Fonds sind. Verwaltungsgebühren und Fixkosten bilden zusammen die TER (Total Expense Ratio) und werden einmal jährlich berechnet und vom Sondervermögen des Fonds abgezogen. Der TER wird immer in Prozent angegeben. Nehmen wir an, ein Fonds hätte ein Fondsvermögen von 2 Millionen Euro und einen TER von 0,2 Prozent. Das würde bedeuten, dass Kosten in Höhe von 4.000 Euro pro Jahr für die Verwaltung des ETF anfallen. Ein sehr niedriger Betrag.

Das TER von europäischen ETFs liegt in der Regel um 0,4 Prozent. Aktiv gemanagte Fonds kommen hingegen auf ca. 1,8 Prozent und liegen damit wesentlich über den Kosten eines ETF. Achten Sie bei ETFs auf den TER, wenn Sie wissen wollen, wie viel von dem Fondsvermögen für Fixkosten und Verwaltung verwendet werden.

7.5. TCO (Total Cost of Ownership)

Das TCO ist eine Kennzahl, die weniger bekannt als der TER ist, die wir uns auf jeden Fall aber auch einmal ansehen sollen. Das TCO bezeichnet sämtliche kumulierten Kosten, die einem Anleger durch den Besitz eines Fondsanteils entstehen. Enthalten sind also die Kosten des TER, dazu aber auch alle weiteren Gebühren und Kosten, zum Beispiel der Spread, die Depot- und Ordergebühren. Die TCO können beim gleichen Fonds bei unterschiedlichen Anlegern voneinander abweichen, denn Depot- und Ordergebühren können z. B. von Bank zu Bank variieren. Der TCO muss daher immer individuell berechnet werden und kann nicht wie der TER einfach im Fondsprospekt angegeben werden.

8. Zusammenfassung: Vor- und Nachteile von ETFs

Schauen wir uns jetzt abschließend noch einmal die Vor- und Nachteile von ETFs in der Übersicht an.

8.1. Vorteile

Um es gleich vorweg zu nehmen: Die Liste der Vorteile überwiegt die Nachteile bei Weitem. Man kann ohne zu übertreiben behaupten, das ETFs für Privatanleger ein ganzes Universum voller neuer Möglichkeiten der Geldanlage eröffnet haben.

8.1.1. Geringe Kosten

ETFs sind eine ausgesprochen kostengünstige Anlageform. Verglichen mit herkömmlichen Fonds sparen Sie den Ausgabeaufschlag und jede Menge Fondsgebühren. ETFs sind für den Privatanleger die wohl günstigste Form, um in den Wertpapiermarkt einzusteigen. Auch verglichen mit dem Kauf von Einzelaktien schneiden ETFs hervorragend ab. Auch wenn ETFs nicht völlig kostenlos sind und immer noch eine geringe Verwaltungsgebühr anfällt, so ist die Belastung für den Anleger doch wesentlich geringer als bei fast allen anderen Anlageformen.

8.1.2. Risikostreuung

Wenn Sie in einzelne Aktienwerte investieren, müssen Sie sich jede Menge Gedanken über eine sinnvolle Risikostreuung machen, was alles andere als einfach ist. Wenn Ihnen nur eine kleine Anlagesumme zur Verfügung steht, ist es fast unmöglich, aus einzelnen Aktienwerten ein Portfolio aufzubauen, das eine angemessene Risikostreuung aufweist: Das Problem: Werden die Einzelpositionen zu klein, werden die Gebühren im Vergleich zur Anlagesumme überproportional hoch. Bei einem ETF sieht die Sache völlig anders aus: Wenn Sie zum Beispiel in einem DAX-ETF investieren, haben Sie ganz automatisch eine angemessene Risikostreuung. Der Portfolioaufbau ist mit ETFs wesentlich einfacher als mit Einzelaktien, denn um die Diversifizierung Ihrer Anlagen müssen Sie sich nur noch innerhalb eines sehr groben Rahmens kümmern.

8.1.3. Liquidität

Auch wenn Sie Ihr Geld über einen langen Zeitraum in ETFs anlegen wollen, zum Beispiel für die Altersvorsorge, so sind Sie mit einer Anlage in ETFs doch jederzeit liquide. ETFs werden an den Wertpapiermärkten gehandelt wie Aktien und können jederzeit wieder verkauft und flüssig gemacht werden. Sie müssen bei ETFs nicht befürchten, keinen Käufer für die Papiere zu finden. Im Unterschied zu Immobilien oder Kapitallebensversicherungen ist das Kapital in einem ETF nicht zwingend viele Jahre gebunden, sondern es kann bei Notfällen jederzeit durch den Verkauf von ETF-Anteilen Liquidität sichergestellt werden.

8.1.4. Transparenz

Da bei einem ETF immer klar definiert ist, was er abbildet ist auch immer klar, welche Anlagestandteile in welcher Zusammensetzung im Fondsvermögen enthalten ist. Ein ETF, der den DAX abbildet, enthält alle DAX-Unternehmen in der Zusammensetzung, mit der sie auch im DAX vertreten sind. Damit sind ETFs zum Beispiel wesentlich leichter verständlich und viel transparenter als die teilweise sehr undurchsichtigen Kombinationen aus Zertifikaten und Geldanlagen, die von Banken zu manchmal abenteuerlichen Produkten „zusammengeklöppelt" werden, wo es dann zu so lustigen Bezeichnungen wie „Nikolausfonds" kommt, aber der Bankberater große Schwierigkeiten hat, das Produkt halbwegs verständlich zu erklären. Bei einem ETF wissen Sie immer genau, womit Sie es zu tun haben, und Sie sind vor Überraschungen sicher. Vorausgesetzt, Sie haben das nötige Know-how und haben sich im Vorfeld für den richtigen ETF entschieden.

8.1.5. Zugang zu Rohstoffmärkten

ETFs ermöglichen auch Privatanlegern die Investition in die Rohstoffmärkte. Das ist eine fantastische Entwicklung, denn noch vor wenigen Jahren waren solche Geschäfte privaten Anlegern überhaupt nicht zugänglich. Das war vorher nur für institutionelle Anleger möglich. Sie können mit ETFs in praktisch alle denkbaren Rohstoffe investieren – von Gold über Rohöl bis zu allen möglichen Agrarprodukten. Es gibt kaum einen Bereich, in den Sie nicht mittels eines passenden ETFs investieren können.

8.2. Nachteile

Auch ETFS haben Nachteile, die wir in diesem Buch nicht verschweigen wollen, damit Sie zu 100 Prozent verstehen, worauf Sie sich einlassen. Die Nachteile sind aber eindeutig in der Unterzahl und bei genauerem Hinsehen schneiden andere Anlageformen bei den genannten Nachteilen teilweise noch schlechter ab.

8.2.1. Laufende Kosten

Wenn Sie in einen ETF investieren, kommen laufende Kosten in Höhe einer Verwaltungsgebühr auf Sie zu. Diese hält sich aber im Rahmen und ist meist deutlich niedriger als bei herkömmlichen Aktienfonds. Wir werden uns die Kosten, die bei Erwerb eines ETFs entstehen, in einem der folgenden Kapitel noch im Detail ansehen.

8.2.2. Teils verwirrende Angebote

Mittlerweile gibt es eine unglaublich große Auswahl von verschiedenen ETFs und der Markt ist für den Endverbraucher sehr unübersichtlich geworden. Auch bei den ETFs ist leider nicht alles Gold was glänzt und viele Produkte sind komplex und schwer durchschaubar.

8.2.3. Begrenzte Renditen

Ein ETF, der einen Index abbildet, kann logischerweise keine Erträge erzielen, die über denen des Indexes liegen. Das wäre nur mit einem aktiven Fondsmanagement möglich. Theoretisch. Denn in der Praxis schaffen es auch die allermeisten aktiv gemanagten Fonds nicht, eine Rendite zu erzielen, die höher als die des Indexes liegt. Trotzdem: Durch die Nachbildung eines Indexes hat die Rendite eines ETF eine natürliche Obergrenze, die sich nicht ohne Weiteres durchbrechen lässt. In der Praxis sollte dieser „Nachteil“ für den Privatanleger kaum eine Rolle spielen.

8.2.4. Schwächen im Bärenmarkt

Ein ETF bildet einen Aktienindex ab, also macht er auch alle Kursbewegungen dieses Aktienindexes mit. Im Falle einer längerfristigen Abwärtsbewegung muss sich der Anleger damit abfinden, dass der ETF die gleichen Kursrückgänge hinnehmen muss wie der zugrunde liegende Index. Bei einem aktiv gemanagten Fonds kann das Fondsmanagement im Falle eines längeren Bärenmarktes versuchen, die Verluste zu reduzieren, in dem z. B. Gelder umgeschichtet werden und die Barbestände des Fonds erhöht werden. Diese Möglichkeit ist beim ETF leider nicht gegeben. Gehen die Aktienmärkte also insgesamt auf Talfahrt, zum Beispiel während einer Finanzkrise, dann fallen auch die Kurse der ETFs entsprechend. Da die Aktienmärkte mittelfristig solche Einbrüche immer wieder aufholen, sollte man sich auf keinen Fall von solchen vorübergehenden Bärenmärkten beunruhigen lassen und stattdessen die günstigen Kurse zum Nachkaufen nutzen. Die nächste Aufwärtsbewegung folgt garantiert.

8.3. Fazit: Die Vorteile überwiegen bei Weitem

Auch wenn der ETF nicht der Stein der Weisen ist, so überwiegen die Vorteile doch ganz klar die Nachteile. Ganz besonders gilt das für Kleinanleger und private Anleger, die nur begrenzte Mittel zur Verfügung haben. Professionelle Investoren die über größere Anlagesummen verfügen und Zeit für Recherchen sowie ausgeprägtes Hintergrundwissen haben, mögen auch mit herkömmlichen Aktien ihr Glück machen, aber für Kleinanleger sind ETFs ganz eindeutig das am besten geeignete Anlagevehikel. ETFs lassen sich schon mit kleinen Anlagesummen erwerben und sie können schon mit geringen monatlichen Beträgen per Sparplan beworben werden – bei den meisten anderen Wertpapieren undenkbar.

9. ETF-Anbieter

Die Zahl der ETF-Anbieter ist in den letzten Jahren steil in die Höhe geschossen. Sie sollten sich besser an die Großen der Branche halten, um jedes Risiko so weit wie möglich zu minimieren. Sehen wir uns einige der größten ETF-Anbieter an, die für den deutschen Markt relevant sind. Die folgende Liste erhebt nicht im entferntesten Anspruch auf Vollständigkeit, sondern nennt Ihnen nur eine Handvoll der wichtigsten und größten Anbieter am europäischen Markt, um Ihnen einen ersten Überblick zu verschaffen.

9.1. Blackrock Asset Management

Blackrock Asset Management ist eine Tochter von Blackrock – dem größten Vermögensverwalter der Wert. Insofern können Sie bei Blackrock immer sicher sein, dass ein sehr kapitalstarkes Unternehmen hinter diesen ETFs steht. Blackrock bietet über 150 verschiedene ETF-Fonds unter dem Markennamen iShares an. Blackrock Asset Management gehört ganz klar zu den weltweiten Marktführern in Sachen ETFs und unter den 150 verschiedenen Fonds finden sich sicherlich welche, die Ihre Bedürfnisse abdecken.

9.2. Amundi

Amundi ist ein französischer Anbieter von ETFs mit langjähriger Erfahrung auf dem Markt. Amundi ist eine gemeinsame Tochtergesellschaft von den Banken Agricolé und Société Générale.

Amundi bietet seit 2001 ETFs an und ist seit dem Jahr 2010 auch auf dem deutschen Markt tätig.

9.3. Comstage

Comstage hat seinen Sitz in Luxemburg und ist eine Tochtergesellschaft der Commerzbank. Durch den Sitz in Luxemburg gilt Comstage als ausländischer Fondsanbieter.

9.4. DB x-Trackers

Bei DB x-Trackers handelt sich um einen Ableger der Deutschen Bank. Genau wie Comstage hat auch DB x-Trackers seinen Sitz in Luxemburg. Die Deutsche Bank bietet über diese Gesellschaft seit 2007 ein großes Sortiment von über 100 verschiedenen ETFs an. Darunter als Besonderheit auch Hedgefonds-ETF, die nur wenige Anbieter im Programm haben.

9.5. Lyxor

Lyxor zählt zu den großen europäischen ETF-Anbietern und hat ca. 70 verschiedene Fonds im Angebot. Luxor ist eine Tochtergesellschaft der Société Générale. Das Angebot deckt nahezu alle wichtigen Indizes sowie Rohstoffe und Anleihen ab.

9.6. ETF Securities

ETF Securities ist ein kleiner, aber interessanter Anbieter, der sich auf Nischen-ETFs spezialisiert hat. Das Angebot umfasst nur 11 verschiedene Fonds, darunter aber interessante Angebote z. B. an Rohstofffonds, die so bei anderen ETF-Anbietern nicht erhältlich sind.

9.7. UBS Exchange Traded Funds

UBS Exchange Traded Funds ist eine Tochtergesellschaft der Schweizer UBS-Bank. Die Gesellschaft hat ihren Sitz allerdings nicht in der Schweiz, sondern in Luxemburg. UBS Exchange Traded Funds konzentriert sein Angebot vor allem auf Aktien-ETFs und richtet sich eher an gewerbliche Anleger.

10. ETF-Namen lesen lernen

ETFs haben oft komplexe Bezeichnungen und es ist für Anfänger nicht immer ganz einfach, sofort am Namen eines ETFs zu erkennen, was sich dahinter verbirgt. In diesem Kapitel lernen Sie, die Namen von ETFs zu entschlüsseln. ETF-Namen sind nach einem bestimmten Schema aufgebaut und wenn Sie das entschlüsseln können, können Sie einem ETF schon anhand seines Namens die wichtigsten Eigenschaften zuordnen.

10.1. Die 5 Teile eines ETF-Namens

Ein ETF-Name besteht immer aus 5 Teilen, die hintereinander angeordnet sind.

Schauen wir uns im Folgenden den Namen eines fiktiven ETF genauer an:

Comstage DAX UCITS ETF Acc (DE)

Teil 1: Der Name des Emittenten. Als erstes wird immer der Name des Anbieters des ETFs genannt. In unserem Fall ist es Comstage, die ETF-Tochter der Commerzbank.

Teil 2: Als nächstes wird angegeben, welcher Index durch den ETF abgebildet wird. In unserem Fall handelt es sich um den DAX. Manchmal steht hier stattdessen auch eine Branchenbezeichnung, je nachdem was der ETF abbilden soll.

Teil 3: Als nächstes folgt ein Hinweis zum Anlegerschutz. In diesem Fall bedeutet es, dass der ETF den UCITS-Richtlinien der EU entspricht.

Teil 4: In Teil 4 folgt die Bezeichnung Acc, was Accumulativ, also thesaurierend bedeutet. D, Dis oder Dist bedeutet, dass es sich um einen ausschüttenden Fonds handelt, während C oder Acc bedeutet, dass es sich um einen thesaurierenden Fonds handelt.

Teil 5: Hier finden sich Zusatzinformationen, in unserem Fall (DE), was bedeutet, dass es sich um einen deutschen Fonds handelt. Hier kann z. B. auch „leveraged" stehen, wenn es sich um einen gehebelten ETF handelt, oder „hedged" bei einem ETF mit Währungsabsicherung.

Sie sehen also, es ist gar nicht so schwer die auf den ersten Blick oft etwas kryptisch wirkenden Bezeichnungen von ETFs zu entschlüsseln. Suchen Sie sich doch einmal selbst aus dem Angebot Ihres Brokers mit dem Suchprogramm einige ETFs heraus und versuchen Sie, die Namen zu entschlüsseln.

11. ETF-Anlagestrategien

Auch wenn Sie in ETFs investieren, sollten Sie nicht blindlings irgendwelche Fonds kaufen, sondern sich vorher genaue Gedanken über die Anlagestrategie machen, die Sie verfolgen wollen. Wir möchten an dieser Stelle drei weit verbreitete Strategien vorstellen. Es gibt natürlich noch weit mehr, aber wir können dieses Thema hier aus Platzgründen nicht bis ins letzte Detail abhandeln. Wenn Sie mehr über Anlagestrategien lernen wollen, so gibt es dazu hervorragende Fachbücher im Buchhandel, die sehr viel dezidierter und tiefgründiger auf dieses Thema eingehen.

11.1. Growth-Strategie

Bei der Growth-Strategie setzen Sie auf junge, hoffnungsvolle Unternehmen, von denen Sie sich ein starkes, ein überdurchschnittlich starkes, Wachstum in der Zukunft erhoffen. Sofern die ausgewählten Unternehmen tatsächlich erfolgreich sind, können Sie mit dieser Strategie enorme Gewinne erwirtschaften. Wer in Google, Apple oder Microsoft in deren Anfangstagen investiert hatte, kann sich heute über eine geradezu astronomische Gewinnspanne freuen. Natürlich kommen auf jedes erfolgreiche Unternehmen auch andere, bei denen es eben nicht funktioniert hat und bei denen die hoffnungsvoll gestartete Firma wieder vom Markt verschwunden ist.

Müssen Sie die betreffenden Aktien selbst für Ihr Portfolio aussuchen, haben Sie nicht ganz einfache Entscheidungen zu treffen und Sie müssen sich sehr intensiv mit den Unternehmen beschäftigen, in die Sie investieren wollen. ETFs können diese Strategie enorm vereinfachen. Investieren Sie in einen Index wie den STOXX Europe Strong Growth und die Entscheidung wird Ihnen abgenommen und Sie haben gleich eine sinnvolle Risikostreuung innerhalb Ihres Portfolios.

11.2. Value-Strategie

Die Value-Strategie ist auch als die Buffet-Strategie bekannt. Sie kaufen Akten von einem aussichtsreichen Unternehmen zu einem möglichst niedrigen Preis. Die Aktien sollten im Verhältnis zum tatsächlichen Wert der Firma deutlich unterbewertet sein. Dann halten Sie die Aktien lange Zeit und kümmern sich nicht mehr weiter darum, bis Sie sie dann schließlich mit einem exorbitanten Gewinn wieder verkaufen. Wenn Sie diese Anlagestrategie des Altmeisters Warren Buffet kopieren wollen, müssen Sie sich nicht mehr selbst auf die Suche nach geeigneten Unternehmen und deren Aktien machen. Stattdessen können Sie direkt in einen geeigneten ETF investieren. Zum Beispiel käme hier ein ETF in Frage, der STOXX Europe Strong Value abbildet.

11.3. Dividenden-Strategie

Die Dividendenstrategie ist einfach zu beschreiben: Sie investieren in Unternehmen, die außergewöhnlich hohe und zuverlässige Dividendenzahlungen abliefern. Das beschert Ihnen eine stetige Einnahmequelle und macht Sie weniger abhängig von den reinen Kursbewegungen einer Aktie. Auch mit ETFs lässt sich eine Dividendenstrategie nachvollziehen, denn es gibt längst ETFs, die Indexe wie den DAX plus abbilden, der ausschließlich die dividendenstärksten Unternehmen aus dem DAX enthält und entsprechend hohe Dividendenerträge ermöglicht. Besonders für Einsteiger lässt sich diese Strategie hervorragend umsetzen. Gerade wenn Sie versuchen, aus kleinen Sparbeträgen ein Vermögen aufzubauen, ist die Dividendenstrategie mit ihren relativ zuverlässigen Erträgen eine gute Wahl.

12. Investieren in ETFs – Der Einstieg in die Praxis

Nachdem Sie sich jetzt ein umfangreiches Grundlagenwissen über ETFs angeeignet haben, wollen wir langsam von der Theorie in die Praxis wechseln und konkrete Überlegungen zum Aufbau eines ETF-Portfolios anstellen.

12.1. Direktinvestment oder Sparplan?

Eine der wichtigsten Entscheidungen, die Sie vor allen anderen treffen müssen, ist die Art des Investments. Geht es Ihnen darum, eine größere Summe in einem einmaligen Betrag möglichst gewinnbringend in ETFs zu investieren? Oder verfügen Sie nur über wenig oder gar kein Startkapital und wollen langsam systematisch Vermögen mit einem Sparplan aufbauen?

12.1.1. Das Direktinvestment

Beim Direktinvestment bedarf es kaum weiterer Erklärungen. Sie haben einen größeren Betrag zur Anlage zur Verfügung, sagen wir 10.000 oder 50.000 Euro. Jetzt kommt es darauf an, für diesen Betrag die richtige Anlagestrategie aus dem oder den richtigen ETFs zusammenzustellen. Je nachdem, welche Anlagestrategie Sie fahren, kann das sehr unterschiedlich aussehen. Sie könnten zum Beispiel 2/3 des Betrages in ETF Aktienfonds investieren und ein weiteres Drittel in Rentenfonds, um das Risiko zusätzlich zu minimieren.

Aber neben der Anlagestrategie sollten Sie bei größeren Beträgen unbedingt auch einen Blick auf die Gebühren Ihres Brokers werfen, denn je nach Handelsplatz und je nach Emittenten des ETF können die Gebühren für die Kauftransaktion sehr unterschiedlich ausfallen. Auf keinen Fall sollten Sie bei größeren Beträgen einen Broker wählen, bei dem die Höhe der Kaufgebühr prozentual mit der Höhe der Anlagesumme steigt. Versuchen Sie ETFs zu erwerben, die in Kooperation mit Ihrer Bank/Ihrem Broker ausgegeben werden und gebührenfrei gekauft werden können. Sie sparen auf diese schon zu Beginn der Anlage Kosten ein, was sich kurzfristig sehr positiv auf die Rendite auswirken wird.

12.1.2. Der Sparplan

Es gibt kaum eine andere Anlage, mit der Sie bei einer so geringen monatlichen Rate eine so attraktive Rendite erzielen können wie mit einem ETF-Sparplan. Ein ETF-Sparplan kann schon mit einem Kleinstbetrag von 25 Euro monatlich eingerichtet werden. Wenn Sie 25 Euro im Monat einzahlen und dabei eine Jahresrendite von 3 Prozent erwirtschaften (die Verwaltungskosten sind dabei bereits abgezogen), dann ergibt das nach 40 Jahren immerhin die Summe von 21.412 Euro (auf vollen Eurobetrag aufgerundet). Dabei sind langfristig durchaus höhere Renditen mit einer ETF-Anlage möglich, die 3 Prozent sind eine recht zurückhaltende Annahme. Nun verlieren wir permanent Kaufkraft durch die Inflation. 25 Euro heute haben wesentlich mehr Kaufkraft, als 25 Euro in zehn Jahren. Zumindest ist diese Entwicklung sehr wahrscheinlich. Es wäre also sinnvoll, die monatliche Sparrate zum einen an den zu erwartenden Verlust durch die Inflation anzupassen. Zum anderen steigt das Einkommen mit zunehmender Dauer der Berufstätigkeit – nicht immer, aber doch bei vielen Menschen. Es macht also Sinn, die monatliche Sparrate jedes Jahr etwas zu erhöhen, zum einen, um die Inflation auszugleichen, zum anderen, um die monatliche Sparrate an das (hoffentlich) steigende Einkommen anzugleichen.

Um auf unser kleines Rechenbeispiel zurückzukommen: Wenn Sie die monatliche Sparrate jedes Jahr um 10 Prozent erhöhen, dann wartet am Ende der vierzig Jahre eine Sparsumme von 54.678 Euro auf Sie. Mehr als das Doppelte im Vergleich zu dem, was Sie ohne eine jährliche Anpassung der Sparrate bekommen würde. Die letzte Sparrate würde übrigens 167,62 Euro betragen. Das hört sich jetzt viel an, aber man darf nicht vergessen, dass dieser Betrag 40 Jahre in der Zukunft liegt und dann in umgerechneter Kaufkraft nicht viel mehr sein wird als die 25,- Euro, mit denen Sie gestartet sind.

Sie sehen also, mit ETF-Sparplänen können Sie schon in jungen Jahren anfangen, ein Vermögen aufzubauen.

Weitere Vorteile eines ETF-Sparplans:

Sie können den Sparvorgang automatisieren und sich damit disziplinieren.

Sie können problemlos dafür sorgen, dass der monatliche Betrag für Ihren Sparplan jeden Monat von Ihrem Bankkonto eingezogen wird und automatisch in Ihren ETF investiert wird. Wenn Sie sich selbst nicht mehr aktiv darum kümmern müssen, dass der monatliche Sparbetrag auch wirklich in Ihren ETF-Sparplan eingezahlt wird, dann erziehen Sie sich selbst zu diszipliniertem und nachhaltigem Sparen. Sie kommen gar nicht erst in Versuchung, das Geld für irgendwelchen sinnlosen Konsumplunder auszugeben, der meistens nach kurzer Zeit schon wieder in der Mülltonne landet.

Der Cost-Average-Effekt (Kosten-Durchschnitts-Effekt)

Wenn Sie regelmäßig eine kleine Summe in einen ETF-Sparplan einzahlen, profitieren Sie außerdem von dem sogenannten Cost-Average-Effekt. Sie können weitgehend unabhängig von Kursschwankungen agieren und dem auf und ab an der Börse gelassen zusehen. Da Sie jeden Monat den immer gleichen Betrag in Ihren Sparplan investieren, müssen Sie nicht beunruhigt sein, wenn die Kurse vorübergehend einmal nachgeben. Denn dann bekommen Sie in dem betreffenden Monat eben mehr ETF-Anteile für den gleichen Einsatz. Und wenn die Kurse schließlich wieder steigen, profitieren Sie um so mehr von dem günstigen Einstiegspreis. Bei vorübergehenden Kursspitzen erwerben Sie hingegen entsprechend weniger Anteile für den Sparbetrag. Unterm Strich führt der Cost-Average-Effekt dazu, dass Sie sich in jeder Marktlage entspannt zurücklehnen können. Im Gegensatz zu einer großen Einmalanlage brauchen Sie sich bei einem Sparplan keine Gedanken um den richtigen Einstiegszeitpunkt zu machen. Sie zahlen jeden Monat dasselbe ein. Hohe und niedrige Kaufpreise gleichen sich letztlich aus und Sie kaufen Ihre ETF-Anteile langfristig betrachtet zu einem günstigen Durchschnittspreis.

Leider hat auch der Cost-Average-Effekt neben den unbestreitbaren Vorteilen auch einige Schattenseiten, die wir Ihnen nicht vorenthalten wollen:

Es ist nämlich so, dass mit fortschreitender Dauer und steigender Anlagesumme der Cost-Average-Effekt immer weniger zum Tragen kommt, weil die Höhe der Sparrate im Vergleich mit der bereits angesparten Gesamtsumme einfach zu klein wird.

Damit wird der Sparplan auch anfälliger gegenüber starken Kursrückgängen, die dann ja auch die bereits angesparten Fondsanteile betreffen. Der Cost-Average-Effekt kann sich natürlich immer nur bei den jeweils neu hinzugekauften Anteilen auswirken, nicht bei den bereits angesparten Anteilen.

Vorsicht vor den Gebühren!

Bei Sparplänen sollten sie besonders sorgfältig auf die Gebühren achten und das Kleingedruckte genau unter die Lupe nehmen. Das gilt besonders dann, wenn Sie einen Sparplan mit einem sehr niedrigen monatlichen Anlagebetrag anlegen möchten. Denn bei kleinen Beträgen von unter 100 Euro können auch geringe Gebühren, die man bei einer Einmalanlage vernachlässigen könnte, die Rendite empfindlich schmälern.

Eine gute Idee ist es, wenn Sie versuchen, möglichst einen der kostenlosen Sparpläne zu nutzen, die die meisten Banken zusammen mit ihren Partner-Fondsgesellschaften anbieten. Diese Sparpläne sind meist frei von Ordergebühren, so dass nicht jeden Monat beim Investieren der Monatsrate Kosten entstehen.

12.2. Wie finde ich den richtigen ETF?

Wenn es um die Wahl des richtigen ETFs geht, kommen die meisten Privatanleger ins Schwitzen und ein leichtes Stressgefühl stellt sich ein. Welcher ETF aus der gewaltigen Auswahl ist der richtige, um die persönlichen Wünsche und Ziele zu erreichen? Es ist tatsächlich völlig unmöglich, sich unvorbereitet nur mit der Onlinesuche Ihres Brokers den passenden ETF herauszusuchen, wenn nicht vorher eine ganze Reihe von grundlegenden Fragen geklärt ist. Fragen, die Sie der Reihe nach abarbeiten sollten und deren Beantwortung von ganz alleine dazu führt, dass sich die Spreu vom Weizen trennt und am Ende nur die

Alternativen übrig bleiben, die tatsächlich für Sie in Frage kommen könnten.

Wollen Sie einen Sparplan oder eine Einmalanlage?

Eine wichtige Frage, die Sie als allererstes klären müssen, ist die Frage nach der Anlageform. Wollen Sie einen einmaligen größeren Betrag in bar einzahlen oder möchten Sie stattdessen einen monatlichen Sparplan einrichten, um mit kleinen Monatsbeiträgen am Ende ein großes Vermögen zu erwirtschaften? So ist zum Beispiel nicht jeder ETF sparplanfähig. Manche ETFs werden nur für die Einmalanlage angeboten und haben keine Möglichkeit, um Einzahlungen im Rahmen eines Sparplanes vorzunehmen.

Welche Branche?

Haben Sie eine bestimmte Branche im Auge? Anfängern würden wir ein rein branchenorientiertes Vorgehen nicht raten. Setzen Sie lieber auf ETFs, die einen soliden Aktienindex wie den DAX oder den Dow-Jones abbilden. Zumindest für den Anfang. Wenn Sie später ein gewisses Portfolio aufgebaut haben, können Sie Ihre Anlagen weiter ausbauen und auch ganz gezielt bestimmte Branchen in das Visier Ihrer Anlegebemühungen nehmen. Anders sieht es aus, wenn Sie bereits umfangreiche Erfahrungen an der Börse haben oder wenn Sie einen größeren Einmalbetrag anlegen wollen.

Welche Region?

Aus welcher Region sollen die Unternehmen in Ihrem ETF-Fond kommen? Haben Sie eine bestimmte Region im Auge? Wenn Sie gerade erst damit beginnen wollen, mit einem ETF-Sparplan ein Vermögen aufzubauen, würden wir zu einem Investment in den MSCI

World Index raten, in dem die 6.000 wichtigsten Unternehmen der Weltwirtschaft zusammengefasst sind. Sie haben so eine Vielzahl von unterschiedlichen Wertpapieren in einem einzigen Fonds und erzielen auf diese Weise eine optimale Risikostreuung. Anders sieht es natürlich aus, wenn Sie einen größeren Einmalbetrag anlegen und sich ein eigenes ETF-Portfolio zusammenstellen möchten, in dem Sie selbst Akzente setzen, was Regionen und Branchen angeht. In dem Fall sollten sie sich vorher ausgiebig über die zur Verfügung stehenden Optionen informieren und sich genaue Gedanken darüber machen, wann und warum Sie in welche Region oder in welche Branche investieren wollen.

ETF-Eigenschaften?

Welche Eigenschaften soll der ETF noch haben? Soll es sich zum Beispiel um einen thesaurierenden oder um einen ausschüttenden ETF handeln? Wir heben die Unterschiede zwischen beiden ETF-Formen bereits in einem früheren Artikel ausführlich besprochen und brauchen das darum an dieser Stelle nicht noch einmal zu tun.

13. Der Aufbau eines ETF-Portfolios

Jetzt wird es ernst. In diesem Kapitel lernen Sie, wie Sie ein ETF-Portfolio mit einer sinnvollen Struktur aufbauen. Eine Aufgabe, an der leider viele Privatanleger scheitern, einfach weil sie nicht wissen, wie sie die Sache anpacken sollen und was es alles beim Aufbau und beim Ausgestalten eines ETF-Portfolios zu beachten gibt. Bitte denken Sie daran, dass die in diesem Kapitel vorgestellten Strategien und Beispielportfolios nur als Anregungen gedacht sind und letztlich kein Weg daran vorbeiführt, dass Sie zu Ihrer eigenen Anlagestrategie finden und dann Ihr Portfolio nach Ihren eigenen Vorstellungen aufbauen.

13.1. Was wollen Sie erreichen?

Um ein Konzept für ein ETF-Portfolio zu erarbeiten, müssen Sie sich als erstes fragen, was genau Ihre Ziele sind. Was wollen Sie mit der Anlage erreichen?

Welchen Anlagehorizont haben Sie? Soll das Geld 5 Jahre, 10 Jahre, 20 Jahre oder noch länger angelegt werden?

Planen Sie mit Ihrem ETF-Portfolio für Ihre Altersvorsorge? Oder wollen Sie ein zusätzliches Vermögen aufbauen, sei es als Polster, sei es um sich in zehn bis 15 Jahren einen besonderen Wunsch zu erfüllen?

Beides verlangt nach einer unterschiedlichen Anlagestrategie. Während Sie bei Ihrer Altersversorgung zu Recht jedes unnötige Risiko vermeiden sollten, kann es sich im zweiten Fall durchaus lohnen, auch etwas höhere Risiken einzugehen, wenn dadurch ein größerer Ertrag erzielt werden kann.

13.2. Das Risikoprofil der Anlageklassen

Wenn Sie sich darüber im Klaren sind, was genau Ihre Ziele sind und Sie diese präzise formuliert haben, können Sie sich daran machen, sich mit Ihrem Risikoprofil zu beschäftigen. Bekanntlich gibt es keine hohen Renditen ohne Risiko. Je größer der zu erwartende Profit, desto höher ist auch das potentielle Verlustrisiko. Welches Risiko Sie eingehen können, hängt natürlich maßgeblich von Ihrem Anlagezweck ab. Bei einer langfristigen Anlage zum Zweck der Altersversorgung versteht es sich von selbst, dass man eine konservative und risikoarme Anlage wählt. Wenn Sie aber einen größeren Einmalbetrag eingezahlt haben und sich in fünf oder zehn Jahren einen größeren Wunsch mit dem ersparten Geld finanzieren wollen, dann sollten Sie beim Risiko ruhig etwas großzügiger sein und sich für eine ertragreichere, wenn auch etwas risikobehaftetere Anlage entscheiden als bei Ihrer Altersversorgung.

Wir haben uns in einem vorherigen Kapitel schon die verschiedenen Typen von ETFs angesehen. Wir werden das jetzt noch einmal wiederholen, diesmal aber mit einem besonderen Augenmerk auf die Risikoklasse der unterschiedlichen ETFs.

- **Aktien-ETFs:** Hohes Risiko
- **Rohstoff-ETFs:** Risiko
- **Anleihen-ETFs:** Geringes Risiko
- **Renten-ETFs:** Geringes Risiko
- **Geldmarkt-ETFs:** Sehr geringes Risiko

13.3. Beispielportfolios in unterschiedlichen Risikoklassen

Wir werden uns jetzt verschiedene Beispiel-Portfolios mit unterschiedlichen Risikoklassen ansehen.

13.3.1. Portfolio mit extrem geringem Risiko (sehr konservativ)

Als Grundannahme gehen wir davon aus, dass dieses Portfolio für die langfristige Altersversorgung gedacht ist, bei einem entsprechend langen Anlagehorizont. Es handelt sich um einen Sparplan, in dem jeden Monat eine kleinere Summe eingezahlt wird, und darüber einen sehr langen Zeitraum von wenigstens 30 Jahren fortgeführt werden soll. Sicherheit hat bei dieser Geldanlage oberste Priorität und Sie versuchen, jedes Risiko so weit wie nur irgendwie möglich zu eliminieren. Natürlich geht das auf Kosten der Performance, aber da es sich um Gelder handelt, die nach Ablauf der Sparphase unter allen Umständen uneingeschränkt zur Verfügung stehen müssen, kann an dieser Stelle kein Kompromiss zugunsten einer höheren Rendite eingegangen werden.

Für dieses Portfolio wählen wir die folgende Zusammensetzung:

- 80 Prozent Anleihen-ETFs
- 20 Prozent Aktien-ETFs

Dieses Portfolio ist damit konsequent auf maximale Sicherheit ausgelegt.

13.3.2. Portfolio mit geringem Risiko (konservativ)

Auch dieses Portfolio soll für die langfristige Altersversorgung angelegt werden. Genau wie beim vorherigen Beispiel gehen wir auch wieder von einer langen Anlagedauer von mehreren Jahrzehnten aus. Wir wollen jedoch eine etwas höhere Rendite als beim ersten Beispiel erzielen und sind auch dazu bereit, dafür ein klein wenig mehr Risiko einzugehen. Aber eben nur ein klein wenig. Die konservative Grundstruktur des Portfolios soll in jedem Fall erhalten bleiben und das Verlustrisiko möglichst minimiert. Daneben soll aber eine etwas höhere Rendite erwirtschaftet werden. Mögliche Verluste während der Laufzeit lassen sich nicht völlig ausschließen, das Risiko soll aber soweit wie möglich reduziert werden.

Für dieses Portfolio wählen wir die folgende Zusammensetzung:

- 70 Prozent Anleihen-ETFs
- 20 Prozent Aktien-ETFs
- 10 Prozent Rohstoff-ETFs

Wie wir sehen, handelt es sich um fast dasselbe ETF-Portfolio wie beim ersten Beispiel, doch haben wir diesmal den Anteil der Anleihen um 10 Prozent gekürzt und dieses Geld stattdessen in einen zusätzlichen Anteil an Rohstoff-ETFs investiert, die dem Portfolio hoffentlich etwas mehr Dynamik verleihen werden und im Vergleich zum ersten Beispiel für einen höheren Ertrag am Ende der Laufzeit sorgen werden.

13.3.3. Das ausgeglichene Portfolio (mittleres Risiko)

Das folgende Portfolio ist eher zum Erfüllen persönlicher Wünsche nach einer längeren Ansparphase gedacht. Es soll eine deutlich höhere Rendite als die beiden vorangegangenen Beispiele erwirtschaften. Dabei soll der Sicherheitsaspekt aber nicht völlig aus den Augen verloren werden. Der Anleger strebt eine mittlere bis hohe Rendite bei größtmöglicher Sicherheit an. Er ist dazu bereit, einen Teil seines Kapitals auch etwas höheren Risiken auszusetzen. Allerdings ohne dabei völlig in spekulative Anlageformen abzugleiten. Der Erhalt des eingezahlten Kapitals hat auch bei diesem Portfolio eine hohe Priorität.

Für dieses Portfolio wählen wir die folgende Zusammensetzung:

- 50 Prozent Anleihen-ETFs
- 40 Prozent Aktien-ETFs
- 10 Prozent Rohstoff-ETFs

Sie sehen, dass die Zusammensetzung dieses Portfolios sich von der der beiden konservativen Portfolios deutlich unterscheidet. Zu Gunsten einer deutlich höheren Performance wurde der Anteil an Aktien deutlich zu Lasten der Anleihen ETFs erhöht. In diesem Portfolio halten sich Aktien und Anleihen nahezu die Waage, in der Hoffnung, damit ein ausgewogenes Verhältnis zwischen Risiko und Ertrag herzustellen.

13.3.4. Das dynamische Portfolio (hohes Risiko)

Jetzt schauen wir uns ein Portfolio an, bei dem es um höchstmöglichen Ertrag in einem überschaubaren Zeitraum geht. Es versteht sich von selbst, dass wir dafür ein wesentlich höheres Risiko eingehen müssen, als bei allen anderen Beispiel-Portfolios. Bei diesem Portfolio kann es zwischenzeitlich durchaus zu heftigen Kurseinbrüchen kommen, auch wenn diese im Allgemeinen nach einer gewissen Erholungszeit immer wieder wettgemacht werden. Sie sollten für so ein Portfolio auf keinen Fall Kapital verwenden, das Sie noch anderweitig verplant haben, zum Beispiel als Notgroschen für besondere Ausgaben. Denn wenn Sie dazu gezwungen sind, das Portfolio ausgerechnet nach einem starken Kurseinbruch auflösen zu müssen, weil Sie das Geld dringend brauchen, dann werden Sie schmerzhafte Verluste hinnehmen müssen. Wenn Sie hingegen den Zeitpunkt des Verkaufs ohne Druck bestimmen und Schwächephasen aussitzen können, dann belohnt dieses Portfolio Sie mit einer außergewöhnlich hohen Rendite.

Für das dynamische Portfolio wählen wir die folgende Zusammensetzung:

- 75 Prozent Aktien-ETFs
- 25 Prozent Anleihen-ETFs

Aktien-ETFs versprechen von allen zur Auswahl stehenden Anlageformen die höchsten Renditen, sind aber auch mit den höchsten Kursrisiken behaftet.

13.3.5. Zusammenfassung

Wir haben uns jetzt vier verschiedene Optionen zum Einrichten eines ETFs angesehen. Natürlich handelt es sich bei den vier Portfolios nur um Beispiele. Die Anteile der einzelnen Assetklassen können dabei bei Ihrem eigenen Portfolio deutlich von den hier angegebenen Anteilen abweichen. Wie Sie Ihr eigenes Portfolio letztlich zusammenstellen wollen, hängt von Ihren eigenen Zielen und Plänen ab.

Bevor Sie zum nächsten Kapitel weitergehen, sollten Sie das bisher Gelesene noch einmal rekapitulieren. Gehen Sie alle Schritte, die wir uns bisher angesehen haben, noch einmal in aller Ruhe durch.

Definieren Sie Ihre Ziele, die Anlagedauer und Ihre Asset Allocation. Anschließend fahren Sie mit dem folgenden Kapitel fort.

13.4. Asset Allocation nach Ländern und Branchen

Wir haben uns jetzt zwar Gedanken gemacht, wie die Risikostruktur Ihres ETF-Portfolios aussehen könnte. Damit sind Sie aber noch lange nicht fertig. Denn die komplette Feinarbeit steht noch aus. Sie haben jetzt eine klare Vorstellung, welche Ziele Sie mit der ETF-Anlage verfolgen, ob Sie einen Einmalbetrag anlegen wollen oder einen Sparplan ausführen wollen, und Sie haben eine Vorstellung von der künftigen Risikostruktur Ihres ETF-Portfolios. Jetzt geht es weiter ins Detail: Welche ETFs aus welchen Ländern und welchen Branchen kommen denn konkret für Ihr Portfolio in Frage? Wie Sie diese entscheidende Entscheidung treffen, werden wir uns im Folgenden ansehen. In diesem Kapitel lernen Sie, wie Sie Ihre Anlage auf die richtigen geografischen Regionen und auf die richtigen Branchen und Wirtschaftszweige verteilen. Am Ende steht dann ein Portfolio, das Ihnen eine optimale Rendite innerhalb Ihres vorgegebenen Planes bei minimalen Risiken beschert.

13.4.1. Beispiel 1: Einmalbetrag 20.000 Euro

Wir starten mit einem ausgewogenen Portfolio. Die Zusammensetzung soll sein:

- 50 Prozent Anleihen-ETFs
- 40 Prozent Aktien-ETFs
- 10 Prozent Rohstoff-ETFS

Wir nehmen an, Sie möchten 20.000 Euro als Einmalanlage in verschiedenen ETFs anlegen.

Schritt 1: Die Anlagesumme aufteilen

Ihnen stehen 20.000 Euro zur Verfügung, die entsprechend auf die einzelnen Anlageklassen aufgeteilt werden sollen. Das sieht dann folgendermaßen aus:

- 10.000 Euro in Anleihen
- 8.000 Euro in Aktien
- 2.000 Euro in Rohstoffen.

Damit haben wir die Struktur und wissen, wie viel Geld in der jeweiligen Anlageklasse investiert werden soll. Jetzt müssen wir innerhalb der jeweiligen Anlageklassen die richtigen ETFs ausfindig machen und versuchen, durch eine geschickte Auswahl das Risiko weiter zu minimieren.

Beginnen wir mit dem Aktienanteil

Uns stehen 8.000 Euro für die Anlage in verschiedenen ETF-Aktienfonds zur Verfügung. Um das Risiko durch eine größtmögliche Streuung zu minimieren, wäre es eine gute Idee in einen Index zu investieren, der die gesamte Weltwirtschaft abbildet. MSCI World Index beinhaltet die 6.000 wichtigsten Unternehmen der Weltwirtschaft und bietet eine hervorragende Streuung bei gleichzeitig attraktiver Rendite. Wir entscheiden uns, die Hälfte der Summe, die für Aktienanlagen zur Verfügung steht, in einen ETF zu investieren, der den MSCI World nachbildet.

Damit stehen uns jetzt noch 4.000 Euro zur Verfügung, die wir in vier weitere ETFs investieren wollen. Jetzt hängt es natürlich davon ab, wie Sie Ihr Risikoprofil definiert haben, also welche ETFs Sie jetzt zusätzlich in Ihr Portfolio mit einbauen.

In unserem Beispiel entscheiden wir uns für folgende Zusammenstellung von 4 ETFs:

- 1.500 Euro – STOXX Europe

- 1.500 Euro – S&P 500
- 500 Euro – Emerging Markets
- 500 Euro – Asien

Wir haben jetzt die Gesamtsumme von 8.000 Euro auf fünf verschiedene Positionen verteilt. Sie können an der Auswahl der ETFs sehen, dass wir uns wiederum um geografische Streuung bemüht haben. Wir haben eine ausgezeichnete Diversifikation und haben das Anlagerisiko so weit wie möglich reduziert. Mit einer Investition in Einzelaktien wäre das in dieser Form bei einem so geringen Betrag völlig unmöglich gewesen. Nur mit ETFs können Sie mit nur 8.000 Euro Kapital an hunderten von erfolgreichen Unternehmen beteiligt sein.

Als nächstes widmen wir uns den Anleihen

Bei den Anleihen können wir das Ganze weniger komplex gestalten. Eine so umfangreiche Diversifikation wie bei den Aktien-ETFs ist bei den Anleihen nicht notwendig, da diese schon von Haus aus risikoarm sind. Dennoch splitten wir auch hier unseren Anlagebetrag von 10.000 Euro in zwei Teile zu je 5.000 Euro, die wir in zwei verschiedene Anleihen ETFs investieren:

- 5.000 Euro – USA-Staatsanleihen
- 5.000 Euro – Europäische Staatsanleihen

Und schließlich die Rohstoffe.

Eigentlich müsste man den Anteil für die Rohstoffe nicht zwingend in mehrere Positionen aufteilen, da das Rohstoffinvestment ohnehin nur 10 Prozent der Gesamtanlage ausmacht. Wir haben uns trotzdem dafür entschieden, den Betrag in zwei Positionen zu je 1.000 Euro aufzuteilen, um die Risikostreuung nochmals zu verbessern – und weil wir glauben, das Gold eine gewisse Sonderrolle einnimmt. Wir verteilen also die 2.000 Euro, die für Investitionen in Rohstoff-ETFs vorgesehen sind, wie folgt:

- 1000 Euro – Gold-ETF
- 1000 Euro – Gemischter Rohstoffkorb

Damit haben wir für einen Einmalbetrag von 20.000 Euro ein ETF-Portfolio mit einem ausgewogenen Verhältnis zwischen Risiko und Ertrag erstellt, mit dem Sie als Anleger ruhig schlafen können, weil wir uns gegen Risiken mit sorgfältiger Risikostreuung der Anlage so gut wie menschenmöglich abgesichert haben.

Als nächstes wollen wir uns ansehen, wie das Ganze bei einem Sparplan mit monatlicher Zahlung aussieht.

13.4.2. Beispiel 2: Monatlicher Sparplan mit 250 Euro

Schauen wir uns jetzt an, wie das Ganze bei einem monatlichen Sparplan aussehen würde. Der monatliche Sparbetrag soll 250 Euro betragen. Der Mindestbetrag pro Monat, der in einen einzelnen ETF eingezahlt werden muss, beträgt 25,- Euro. Damit kann also keine Einzelposition des Sparplans kleiner als 25 Euro sein.

Der Sparplan soll analog zum vorangegangenen Beispiel mit dem Einmalbetrag gebildet werden, die Aufteilung auf die verschiedenen Anlageklassen soll also dieselbe sein. Daraus ergibt sich in unserem Beispiel die folgende Zusammensetzung:

- Aktien: 100 Euro
- Anleihen: 125 Euro
- Rohstoffe: 25 Euro

Damit stehen die Rahmenbedingungen fest und wir legen fest,

welche ETFs in den einzelnen Anlageklassen zum Einsatz kommen sollen.

Aktien

Uns stehen jetzt 100 Euro im Monat zur Verfügung, die auf drei verschiedene ETF-Sparpläne verteilt werden sollen. Wie beim Einmalbetrag investieren wir auch diesmal wieder die Hälfte der Anlagesumme in den MSCI World und spalten den Restbetrag in zwei weitere Einzelpositionen auf. Insgesamt verteilen wir den Anlagebetrag also auf nur drei Sparpläne, weil aufgrund der Tatsache, dass der MSCI Word bereits 50 Prozent der Anlagesumme abdeckt, keine weitere Diversifizierung der Anlage mehr möglich ist.

- Sparplan 50 Euro/Monat - MSCI World ETF
- Sparplan 25 Euro/Monat - STOXX Europe ETF
- Sparplan 25 Euro/Monat - Emerging Markets ETF

Anleihen

Bei den Anleihen gehen wir analog zum Beispiel mit dem Einmalbetrag vor und investieren in zwei verschiedene ETFs mit europäischen bzw. US-Staatsanleihen.

- Sparplan 62,50 Euro/Monat – USA-Staatsanleihen ETF
- Sparplan 62,50 Euro/Monat – Europäische Staatsanleihen ETF

Rohstoffe

Bei der Rohstoffinvestition ist eine Diversifizierung nicht mehr möglich, da der zur Verfügung stehende Betrag unter 50 Euro liegt und damit nur für eine Anlageposition ausreicht. Wir entscheiden uns für einen Rohstofffonds, der alle wichtigen Industriemetalle abbildet.

- Sparplan 25 Euro/Monat – Rohstofffonds Industriemetalle ETF

Ergebnis: Es ist uns gelungen, den relativ bescheidenen Sparvertrag von 250 Euro monatlich in 6 verschiedene Sparpläne zu diversifizieren und so ein ausgewogenes Verhältnis von Risiko und Ertrag sicherzustellen.

Bei der Wahl Ihres ganz persönlichen Portfolios können Sie natürlich völlig andere Zusammensetzungen wählen und sich Ihren ganz persönlichen Mix aus Chancen und Risiken zusammenstellen. Wichtig ist an dieser Stelle nur, dass Sie anhand der vorangegangenen zwei Beispiele erkennen, wie man grundsätzlich beim Aufbau eines ETF-Portfolios vorgeht. Unabhängig davon, ob es sich nun um einen monatlichen Sparplan oder um eine einmalige Anlage handelt.

13.5. Nachträgliche Anpassungen – Rebalancing

Wir haben jetzt unseren Sparplan bzw. unsere Einmalanlage zusammen gestellt und die Zeit vergeht. Jetzt kommt es häufig vor, dass sich einzelne Bestandteile des Depots anders entwickeln als gedacht. Zum Beispiel kann es geschehen, dass der Aktienanteil des Portfolios sehr schnell an Wert gewinnt, währen Ihre Rohstofffonds sich nur kümmerlich entwickelt haben oder vielleicht sogar an Wert verloren haben. Durch so eine Entwicklung ändert sich natürlich allmählich die Struktur Ihres Fonds. Wenn zum Beispiel die Aktien-ETFs in kurzer Zeit ihren Wert verdoppeln, dann vergrößert sich auch der Anteil der Aktien-ETFs am gesamten Fondsvermögen entsprechend. Die tatsächliche Zusammensetzung des Portfolios beginnt dann immer stärker von der abzuweichen, für die Sie sich anfänglich einmal entschieden haben.

Jetzt ist der Zeitpunkt für ein Rebalancing gekommen. Rebalancing bedeutet nichts anderes, als dass Sie durch gezielte Umschichtungen im Fonds-Portfolio wieder die Ausgangsposition herstellen, so dass die prozentuale Zusammensetzung Ihres Portfolios wieder dem entspricht, was Sie zu Anfang ausgearbeitet haben.

Sie können entweder gezielt Anteile verkaufen – in unserem Beispiel von dem Aktien-ETF, der so extrem zugelegt hat.

Oder Sie kaufen zusätzliche Anteile an Anleihen-ETFs oder Rohstofffonds, um so durch eine Erhöhung dieser Anteile den Anteil der Aktien ETFs zu senken.

Ebenso können Sie beides kombinieren. Sie können zum Beispiel Aktien-ETFs verkaufen und diesen Erlös dann direkt in zusätzliche Anleihen-ETFs investieren.

Ein Rebalancing soll natürlich nicht bei jeder kleinen Kursschwankung durchgeführt werden. Sie sollten den einzelnen Bestandteilen Ihres Portfolios einen großzügigen Spielraum einräumen, innerhalb dessen sie sich frei bewegen können, ohne dass Sie deswegen immer gleich ein Rebalancing durchführen. Schwankungen von 10 bis 15 Prozent nach oben und unten bei der Zusammensetzung können noch toleriert werden. Erst wenn diese Werte überschritten werden, sollten Sie tatsächlich etwas unternehmen und Anteile vergrößern oder verkleinern.

14. ETF und Steuern

Auch wenn das Geld, das Sie in einen ETF einzahlen schon x-mal von Ihnen versteuert worden ist und Sie bereits eine lange Liste von Abgaben gezahlt haben: Sie müssen leider auch die Einkünfte aus Ihren ETFs versteuern. Die Versteuerung senkt die Rendite leider erheblich, aber leider führt für den normalen Privatanleger kein Weg daran vorbei.

Anhand der folgenden Übersicht können Sie feststellen, ob Sie selbst tätig werden müssen und die entsprechenden Einkünfte manuell in Ihrer Steuererklärung eintragen müssen oder ob Ihr Broker das bereits automatisch für Sie erledigt.

Wichtiger Hinweis: Dieses Buch bietet lediglich allgemeine Informationen zum Thema „Besteuerung von Einkommen aus ETFs". Diese Informationen dienen nur dazu, dem Leser einen ersten Überblick zu verschaffen. Sie können und sollen auf keinen Fall eine fachkundige steuerliche Beratung ersetzen. Bitte wenden Sie sich mit konkreten Fragen zu Ihrer persönlichen Situation immer direkt an Ihren Steuerberater. Bedenken Sie auch, dass Gesetzgebungen sich ändern können und dieses Buch eventuell nicht immer zeitnah aktualisiert werden kann.

14.1. Welche Einkommen müssen besteuert werden?

Es gibt zwei verschiedene Arten von Einnahmen, die Sie mit ETFs erzielen können: Zum einen Gewinne aus Kurssteigerungen, wenn Sie Anteile verkaufen. Und zum anderen die Erträge, die z. B. durch

Dividendenzahlungen erwirtschaftet werden. Beide Einnahmen sind steuerpflichtig und werden mit der Abgeltungssteuer belastet.

14.2. Ausschüttende Fonds

Wenn Sie Einkünfte aus ausschüttenden Fonds erzielen, ist die Sache einfach: Sie müssen nichts weiter unternehmen. Ihr Broker wird die entsprechenden Steuern automatisch einbehalten und für Sie abführen. Das gilt auch dann, wenn es sich um Erträge aus einem ausländischen ETF handelt.

14.3. Thesaurierende Fonds

Wenn Sie Einkünfte aus thesaurierenden Fonds erzielen, die im Inland ansässig sind, brauchen Sie sich ebenfalls um nichts zu kümmern. Auch in diesem Fall wird Ihr Broker die fälligen Steuern einbehalten und für Sie an das Finanzamt abführen. Etwas anders sieht es hingegen aus, wenn Ihr ETF seinen Sitz im Ausland hat. Bei ausländischen thesaurierenden Fonds müssen Sie selbst dafür Sorge tragen. Sie müssen die erzielten Erträge in diesem Fall bei Ihrer jährlichen Einkommenssteuererklärung mit angeben.

14.4. Vorsicht Doppelbesteuerung

Doppelbesteuerung von Einkünften ist etwas, was eigentlich nicht vorkommen sollte. Unter bestimmten Umständen können Sie jedoch von diesem Phänomen betroffen sein. Wenn Sie in thesaurierende ausländische ETFs investiert haben, dann kann es zu einer Doppelbesteuerung kommen, wenn Sie nicht genau aufpassen. Bekanntlich werden bei einem thesaurierenden ETF die Erträge direkt wieder in das Fondsvermögen reinvestiert. Und genau an dieser Stelle schlägt der Fiskus bereits das erste Mal zu. Die wieder angelegten Gewinne müssen zuvor versteuert werden. Dies geschieht immer zum Jahresende. Bei deutschen ETFs wird die Steuer automatisch einbehalten, bei ausländischen ETFs müssen Sie selbst diese Einkünfte im Rahmen Ihrer jährlichen Einkommenssteuererklärung angeben. Soweit alles noch einleuchtend, Kritisch wird es erst, wenn Sie Fondsanteile verkaufen wollen. In diesem Fall wird nämlich wieder der gesamte Verkaufserlös steuerpflichtig und Ihr Gewinn dadurch noch einmal versteuert, obwohl Sie ja schon zuvor Steuern auf die jährliche Fondsrendite gezahlt haben. Sie müssen diese zu viel gezahlten Steuern im Rahmen Ihrer Steuererklärung unbedingt angeben, damit die Steuerlast aus dem Verkauf von Fondsanteilen mit den bereits gezahlten Steuern auf die jährlichen Fondserträge verrechnet wird.

Damit sind thesaurierende ausländische ETFs steuerlich leider deutlich schwieriger zu handhaben als deutsche ETFs. Das sollte Sie aber nicht davon abhalten, in ETFs zu investieren, deren Fondsgesellschaft ihren Sitz außerhalb Deutschlands hat.

Schlusswort

Sie haben jetzt umfangreiches Basiswissen über Exchange Traded Funds (ETF) erworben und wissen, was die Besonderheiten, die Vorteile und die Nachteile dieser Anlageform sind. Sie wissen jetzt, wie man auf professionelle Weise ein Anlageportfolio aus ETFs anlegt und verwaltet. Jetzt steht dem Einstieg in die Praxis nichts mehr im Wege. Nutzen Sie Ihre Chance, mit ETFs ein kleines Vermögen aufzubauen, anstatt mit Sparbüchern und Tagesgeldkonten Jahr für Jahr inflationsbereinigt Verluste einzuführen. Sie wissen jetzt wie es geht – nur Umsetzen müssen Sie das Gelernte noch selber.

30905945R00038

Printed in Poland
by Amazon Fulfillment
Poland Sp. z o.o., Wrocław

ISBN 9781544064697
90000 >
9 781544 064697